8° F Pièce
5755

AF340786

VILLE DE NOYON

RÈGLEMENT & TARIF

de l'Octroi

du 1er Janvier 1921 au 31 Décembre 1925

APPROUVÉS

par Décret du 27 Décembre 1920

NOYON

IMPRIMERIE-LIBRAIRIE E. DALLONGEVILLE

—

1921

VILLE DE NOYON

RÈGLEMENT & TARIF

de l'Octroi

du 1er Janvier 1921 au 31 Décembre 1925

APPROUVÉS

par Décret du 27 Décembre 1920

NOYON

IMPRIMERIE-LIBRAIRIE E. DALLONGEVILLE

1921

DÉPARTEMENT
de l'Oise

ARRONDISSEMENT
de Compiègne

POPULATION
Totale................7.277
Agglomérée.........5.771
(*Décret du 30 décembre 1911*)

POPULATION
Soumise à l'Octroi : 7.223

VILLE DE NOYON

RÈGLEMENT ET TARIF

de l'Octroi

du 1er Janvier 1921 au 31 Décembre 1925

Approuvés par Décret du 27 Décembre 1920

RÈGLEMENT

CHAPITRE PREMIER

§ Ier. — De la Perception.

ARTICLE PREMIER.

L'Octroi municipal et de bienfaisance établi dans la commune de Noyon, département de l'Oise, sera perçu conformément au tarif ci-annexé et d'après les dispositions du présent Règlement.

La Perception se fera sur tous les objets compris au tarif et sur tous les consommateurs, sans aucune exception.

La surveillance immédiate de l'Octroi appartient au Maire, sous l'autorité de l'Administration supérieure.

La surveillance générale sera exercée par la Régie des Contributions indirectes.

ART. 2.

Le rayon de l'Octroi comprendra :

La ville, les faubourgs et dépendances du Coizel, Applaincourt, Rue Haute, Petit-Marais, Tarlefesse, Landrimont, le faubourg de Chauny, la rue d'Orroire, le Jonquoy, Saint-Blaise, la Poterne, les faubourgs de Paris, de Montdidier, d'Amiens, de Lille, et les Châtelains.

Les limites seront indiquées par dix poteaux portant ces mots : *Octroi de Noyon*, et placés :

Le premier sur la grande route de Noyon à Saint-Quentin, à l'entrée du prolongement du chemin vicinal venant de Genvry et conduisant à Tarlefesse.

Le deuxième à l'extrémité du territoire de ce même côté, au-dessus de Tarlefesse, à l'entrée du chemin qui conduit au château de Poilbarbe.

Le troisième à la cavée du Moulin de Salency, carrefour Saint-Amand, à la hauteur du passage à niveau du chemin de fer, sur la route de Chauny.

Le quatrième sur la route de Noyon à Varesnes, à la hauteur du passage à niveau du chemin de fer.

Le cinquième à l'extrémité de la rue d'Orroire, près le pont du Canal.

Le sixième à la jonction des chemins du marais Ferneux et du pont du Bois.

Le septième sur la grande route de Paris, au lieudit le Guidon de Pont-l'Evêque.

Le huitième sur la route de Montdidier, au carrefour des chemins de Montdidier, Lagny et Maigremont.

Le neuvième sur la route de Roye et d'Amiens, à l'angle du chemin dit Rond d'Arbres.

Et le dixième à la jonction du chemin de Genvry à Noyon et du sentier du Châtelain.

ART. 3.

Les déclarations et la recette des droits se feront aux bureaux ci-après désignés,

Savoir :

Au bureau du Nord, situé rue de Lille, en face de l'avenue d'Alsace-Lorraine.

Au bureau de Chauny, situé rue de Chauny.

Au bureau de la Gare, situé place de la Gare, qui sera en même temps bureau central.

Au bureau de Soissons, situé rue d'Orroire, en face la gare aux marchandises.

Au bureau de l'Abattoir, situé boulevard Carnot.

Au bureau de Paris, situé à l'extrémité de la rue de Paris, à l'angle du boulevard Charmolue.

Au bureau d'Amiens, situé place Saint-Martin, à l'angle de la route d'Amiens et en face du boulevard Charmolue.

Ces bureaux seront indiqués par un tableau portant ces mots : *Bureau de l'Octroi.* Ils seront ouverts tous les jours : pendant les mois de Janvier, Février, Novembre et Décembre, depuis sept heures du matin jusque six heures du soir ; pendant les mois de Mars, Avril, Septembre et Octobre, depuis six heures du matin jusque sept heures du soir ; et pendant les mois de Mai, Juin, Juillet et Août, depuis cinq heures du matin jusque huit heures du soir.

Les présents Tarif et Règlement seront affichés dans l'intérieur et à l'extérieur des dits bureaux.

§ II. — **Perception sur les Objets venant de l'extérieur.**

ART. 4.

Tout porteur ou conducteur d'objets assujettis aux droits d'Octroi sera tenu, avant de les introduire, d'en faire la déclaration au bureau, de produire les congés, acquits-à-caution, passavants, ainsi que les lettres de voiture, connaissements, chartes-parties ou toutes expéditions qui les accompagnent, et d'acquitter les droits si les objets sont destinés à la consommation du lieu, sous peine de la confiscation des dits objets et d'une amende de 100 à 200 francs.

Toute déclaration devra indiquer la nature, la quantité, le poids et le nombre des objets introduits.

ART. 5.

Après la déclaration, les Préposés pourront faire toutes les recherches, visites et vérifications nécessaires pour en constater l'exactitude. Les conducteurs seront tenus de souffrir et même de faciliter toutes les opérations relatives aux dites vérifications.

Tout objet soumis à l'Octroi qui, nonobstant l'interpellation faite par les Préposés, serait introduit sans avoir été déclaré, ou sur une déclaration fausse, sera saisi ; les voitures, chevaux et autres moyens de transport seront également saisis, à défaut par les contrevenants de consigner le maximum de l'amende prononcée par l'article précédent, ou de fournir caution valable.

ART. 6.

Il est défendu aux Employés, sous peine de destitution et de tous dommages-intérêts, de faire usage de la sonde dans la visite des malles, caisses et ballots annoncés contenir des étoffes, linges et autres objets susceptibles d'être endommagés.

Dans ce cas, comme dans tous ceux où le contenu des caisses et ballots serait inconnu et ne pourrait être vérifié immédiatement, la vérification en sera faite dans les emplacements à ce destinés et déterminés par l'autorité locale.

ART. 7.

L'introduction ou la tentative d'introduction, dans le rayon de l'Octroi, d'objets soumis aux droits, à l'aide d'ustensiles préparés ou de moyens disposés pour la fraude, donnera lieu à l'arrestation du porteur ou conducteur des dits objets ; cette arrestation pourra être opérée par les Préposés de l'Octroi.

Art. 8.

Lorsque, en vertu de l'article précédent, les Préposés auront arrêté et constitué prisonnier un fraudeur, ils seront tenus de le conduire sur-le-champ devant un Officier de police judiciaire, ou de le remettre à la force armée, qui le conduira devant le Juge compétent, lequel statuera de suite, par décision motivée, sur l'emprisonnement ou la mise en liberté du prévenu.

Néanmoins, celui-ci sera immédiatement mis en liberté s'il offre bonne et suffisante caution de se présenter en justice et d'acquitter l'amende encourue, ou s'il consigne ladite amende.

Le Maire sera seul juge de la solvabilité de la caution.

Art. 9.

Les préposés ne pourront, sous peine de destitution, extraire des vaisseaux qui contiendront des boissons ou autres liquides, à l'effet d'en faire la vérification, que les quantités rigoureusement nécessaires.

Le liquide extrait sera remis au voiturier ou jeté si le voiturier ne veut pas s'en charger.

Art. 10.

Tout porteur ou conducteur d'objets passibles des droits qui sera rencontré s'écartant des routes qui conduisent directement aux bureaux de recettes, en les introduisant sur le territoire de la commune par des chemins ou sentiers détournés ou interdits sera puni par la saisie des objets et d'une amende de 100 à 200 francs.

Art. 11.

L'introduction des objets imposés ne pourra avoir lieu que pendant l'ouverture des bureaux indiquée dans l'article 3. A cet effet, les objets seront conduits au bureau par lequel l'entrée sera effectuée ; ils ne pourront être déchargés ni introduits à domicile avant d'avoir acquitté les dits droits.

§ III. — Perception sur les Objets de l'intérieur.

Art. 12.

Toute personne qui récolte, prépare ou fabrique, dans l'intérieur du rayon de l'Octroi, des objets compris au Tarif, est tenue, sous peine de la confiscation des objets récoltés, préparés ou fabriqués, et d'une amende de 100 à 200 francs, d'en faire la déclaration et, si elle ne réclame la faculté de l'entrepôt, d'acquitter immédiatement le droit.

Les préposés de l'Octroi reconnaîtront à domicile les quantités récoltées, préparées ou fabriquées et feront toutes les vérifications nécessaires pour prévenir la fraude.

Art. 13.

Les animaux destinés à être abattus seront, s'il y a lieu, marqués au feu au moment de leur introduction. Ceux qu'on introduira morts, ou qu'on abattra dans l'intérieur des limites, seront marqués au noir sur les extrémités des quartiers. On ne pourra, dans l'un et l'autre cas, se servir d'autres marques que celles déterminées par le Maire.

CHAPITRE II.

§ Ier — Du Passe-debout des Objets non sujets aux droits du Trésor.

Art. 14.

Le conducteur d'objets soumis à l'Octroi qui voudra traverser seulement la commune, ou y séjourner moins de vingt-quatre heures, sera tenu de se munir d'un passe-debout.

Art. 15.

Pour jouir de l'exemption résultant du passe-debout, les propriétaires, conducteurs ou porteurs d'objets portés au Tarif seront tenus de faire les déclarations prescrites par l'article 4 et d'indiquer, en outre, le lieu du départ et celui de la destination.

Art. 16.

Les droits seront consignés ou cautionnés. Ces droits seront rendus ou la caution déchargée lorsqu'il aura été justifié de la sortie des objets. Lorsqu'il sera possible de faire escorter les chargements, le conducteur pourra être dispensé de consigner ou de cautionner les droits, mais il devra acquitter les frais d'escorte qui sont réglés de la manière suivante : il sera payé cinquante centimes.

Art. 17.

Le produit des rétributions d'escortes sera porté en recette sur un registre à ce destiné, coté et paraphé par le Maire ou son délégué, et tenu par chaque receveur.

Le montant en sera versé à la Caisse municipale comme recette accessoire.

Art. 18.

Toute substitution et toute altération faite dans la nature ou l'espèce des objets en passe-debout ou en transit, pendant la durée du séjour, fera encourir au contrevenant une amende de 100 à 200 francs et entraînera, en outre, la confiscation des objets représentés et le paiement d'une somme égale à la différence de leur valeur avec celle des objets reconnus à l'entrée, laquelle sera déterminée d'après le prix moyen dans le lieu sujet.

Art. 19.

Les caisses et ballots accompagnés d'acquits-à-caution, et portant les plombs et marques des Contributions indirectes ou des Douanes, sont affranchis des visites et vérifications si les plombs et marques sont reconnus sains et entiers, et dans le cas seulement où les objets resteront sous la surveillance des Employés.

Art. 20.

Dans le cas où, par force majeure ou par accident reconnu par les autorités locales, un conducteur sera retenu dans le rayon de l'Octroi au delà du délai fixé, le passe-debout sera, sur sa déclaration, converti en transit, et les objets seront mis sous la surveillance des Préposés de l'Octroi jusqu'à leur sortie. Les frais de loyer ou de garde, s'il y en a, seront à la charge des déclarants.

Art. 21.

En cas de changement de moyens de transport ayant pour effet de rendre plus difficile la vérification à la sortie des objets introduits sur passe-debout, les Employés devront être appelés.

§ II. — Du Transit des Objets non soumis aux droits du Trésor.

Art. 22.

Les déclarations et formalités prescrites pour les objets en passe-debout (excepté en ce qui concerne l'escorte) auront également lieu pour le transit. Les droits seront consignés ou cautionnés. Les objets admis en transit resteront sous la surveillance des Préposés jusqu'au moment du départ.

Art. 23.

La durée du transit est fixée à trois jours. Nulle prolongation au delà de ce terme ne peut avoir lieu que sur l'autorisation du Maire, d'après l'avis du Préposé principal de l'Octroi, et dans le cas d'une nécessité dûment constatée.

Art. 24.

Les droits seront restitués ou la caution déchargée au moment de la sortie. S'il n'était représenté qu'une portion des objets introduits, les droits seraient acquis sur la portion non représentée, à moins toutefois que la vente n'en eût été faite à un entrepositaire et les objets pris en charge à son compte.

Art. 25.

Les objets amenés aux foires et marchés sont assujettis à toutes les formalités du transit.

Vingt-quatre heures après le délai fixé par l'article 23, ou après l'expiration des foires et marchés, les droits consignés seront définitivement acquis à l'Octroi s'il n'a pas été justifié de la sortie des objets.

Les objets en question pourront être dispensés de la confiscation ou du cautionnement des droits, sous la condition d'une déclaration d'entrée et d'une déclaration de sortie sur les registres spéciaux.

Art. 26.

Les personnes qui se servent de bêtes à cornes pour attelages, pourront être dispensées de la consignation ou du cautionnement, mais à la condition de se conformer à toutes les formalités du transit pour la sortie et la rentrée de ces bestiaux, et de se munir d'un passe-debout lorsqu'elles les conduiront aux foires et marchés de la localité.

Art. 27.

Les droits à consigner pour les bestiaux introduits sur passe-debout dans le rayon de l'Octroi, ou ceux à acquitter par les entrepositaires en cas de manquants constatés à leur charge, sont fixés ainsi qu'il suit :

Bœufs et taureaux, par tête	45.15
Vaches et génisses, par tête	35.95
Veaux, par tête	9.10
Moutons et brebis, par tête	4.45
Chèvres, par tête	2.25
Agneaux et chevreaux, par tête	1.50
Porcs et sangliers, par tête	9.10
Cochons de lait, par tête	1.50

Ces droits ont été établis sur la moyenne du poids de chaque espèce, calculée d'après le nombre de têtes tuées à l'abattoir public.

Art. 28.

Les voitures et transports militaires chargés d'objets assujettis aux droits, sont soumis aux règles ci-dessus prescrites pour le transit et le passe-debout *(article 40 de l'Ordonnance du 9 décembre 1814)*. Toutefois, dans le cas où l'emploi de ces formalités pourrait apporter un retard nuisible, les Préposés se borneront à surveiller ou à escorter le convoi.

Art. 29.

Les diligences, fourgons, fiacres, cabriolets et autres voitures de louage, sont soumis aux visites des Préposés de l'Octroi.

Il en est de même des voitures particulières suspendues ou non suspendues, hippomobiles, automobiles ou autrement.

Art. 30.

Les individus voyageant à pied ou à cheval ne pourront être arrêtés, questionnés ou visités sur leur personne, ni à raison de leurs effets.

Tout acte contraire à la présente disposition sera réputé acte de violence, et les Préposés qui s'en rendront coupables seront poursuivis correctionnellement et punis des peines prononcées par les lois. Tout individu soupçonné de faire la fraude à la faveur de cette exception pourra être conduit devant un Officier de police ou devant le Maire, pour y être interrogé et la visite de ses effets autorisée, s'il y a lieu.

Art. 31.

Les courriers ne pourront être arrêtés à leur passage, sous prétexte de la perception; mais ils seront tenus d'acquitter les droits sur les objets soumis à l'Octroi qu'ils introduiraient pour être consommés dans la localité; à cet effet, les Préposés de l'Octroi seront autorisés à assister au déchargement des malles.

§ III. — **Des Bestiaux entretenus dans le rayon de l'Octroi.**

Art. 32.

Les propriétaires de bestiaux entretenus dans le rayon de l'Octroi devront faire leur déclaration au bureau. Il leur sera délivré un permis de circulation indicatif du nombre, de l'espèce et du lieu de passage affecté à la sortie et à la rentrée de ces animaux. Ceux qui seraient introduits au delà du nombre fixé par le permis, et sans déclaration préalable, seront saisis.

ART. 33.

Les propriétaires des bestiaux dont il s'agit souffriront les visites et exercices des Préposés de l'Octroi dans leurs étables et bergeries. Il sera fait inventaire de leurs bestiaux, lequel sera suivi de recensements aux époques déterminées par le Maire.

ART. 34.

Ils sont aussi tenus de déclarer d'avance le nombre et l'espèce des animaux qu'ils livreront aux bouchers et charcutiers, ceux qu'ils feront venir du dehors pour les remplacer, et ceux qu'ils abattront pour leur consommation personnelle.

Ils déclareront également toute diminution ou augmentation dans le nombre de leurs bestiaux, et pour quelque cause que ce soit.

ART. 35.

Les bestiaux morts naturellement, ou exportés hors de la commune, ne sont passibles d'aucun droit. Il sera fait déclaration des premiers dans le jour de la mort, et des seconds préalablement à leur exportation. Ces déclarations seront vérifiées par les Préposés. A l'époque des recensements, les propriétaires sont tenus d'acquitter les droits pour les bestiaux reconnus manquant à leur charge.

§ IV. — Entrepôt à domicile des Objets non soumis aux droits du Trésor.

ART. 36.

Les propriétaires et commerçants sont, en justifiant de leur qualité, admis à recevoir chez eux et dans leurs magasins, à titre d'entrepôt et sans acquittement préalable des droits, les marchandises soumises à l'Octroi.

Les admissions à la qualité d'entrepositaire seront prononcées par le Maire. Toutes les contestations qui s'élèveraient relativement à l'admission au bénéfice de l'entrepôt seront portées devant le Maire, qui prononcera, sauf recours au Préfet.

Art. 37.

Sont désignés ci-après les objets admis à l'entrepôt à domicile, ainsi que les quantités au-dessous desquelles la faculté de l'entrepôt ne pourra être accordée, et le certificat de sortie délivré,

SAVOIR :

Les bestiaux seront admis en toutes quantités.

DÉSIGNATION DES OBJETS ADMIS A L'ENTREPOT	MINIMA A L'ENTRÉE	MINIMA A LA SORTIE
Vins en bouteilles	100 bouteilles	5 bouteilles
Vinaigres	10 hectolitres	Un hectolitre
Fromages	200 kilogrammes	10 kilogrammes
Graisse	500 id.	par cuveau de 10 k. ou 20 kil. en détail
Fruits secs	500 id.	12 kilogrammes
Oranges	500 id.	15 id.
Bougies et cires	1.000 id.	12 kilogr. 500
Pétrole	10 hectolitres	25 litres
Carbure de calcium	1.000 kilogrammes	50 kilogrammes
Charbons de bois	2.500 id.	50 id.
Charbons de terre	20.000 id.	500 id.
Avoine	5.000 id.	75 id.
Orge, maïs, sarrazin, chaque espèce	1.000 id.	75 id.
Son et recoupes	1.000 id.	50 id.
Bois dur débité	10 mètres cubes	1 2 mètre cube
Bois blanc débité	10 mètres cubes	1 2 mètre cube
Bois blanc équarri	10 mètres cubes	1 2 mètre cube
Bois de charpente ou de menuiserie ouvré	2 mètres cubes	1 2 mètre cube
Ardoises de toute nature	20.000	500
Tuiles de toute nature	25.000 kilogrammes	500 kilogrammes
Carreaux	10.000 id.	500 id.
Briques	50.000 id.	1.000 id.
Carreaux réfractaires pour fours	1.000 id.	150 id.
Briquettes réfractaires pour fours	10.000 id.	300 id.
Ciment, chaux, plâtre, chaque espèce	10.000 id.	100 id.
Fers et fontes, chaque espèce	10.000 di.	100 id.
Tôles noires et ondulées	10.000 id.	50 id.
Plomb	2.500 id.	50 id.
Zinc	2.500 id.	50 id.
Grillages	2.500 id.	50 id.
Ronces	2.500 id.	50 id.
Carton bitumé	2.000 id.	50 id.
Savons	1.000 id.	20 id.
Minium, céruse, chaque espèce	2.500 id.	100 id.

Les introductions subséquentes pourront avoir lieu en toutes quantités.

Art. 38.

Les combustibles et les matières premières à employer dans les établissements industriels et dans les manufactures de l'Etat sont admis à l'entrepôt à domicile.

Toutefois, l'entrepôt ne sera pas accordé pour les matières premières dans le cas où la somme à percevoir à raison des quantités pour lesquelles elles entrent dans un produit industriel n'atteindrait pas 1/4 p. 0/0 de la valeur de ce produit (soit 25 centimes par 100 francs).

Pour jouir de l'entrepôt à domicile relativement aux combustibles employés dans les établissements industriels à la préparation de produits destinés au commerce général, le soumissionnaire devra faire entrer une première fois les quantités prévues à l'article 37 au moins.

Les arrivages subséquents pourront avoir lieu en toute quantité.

Décharge sera accordée aux entrepositaires pour toutes les quantités de combustibles et de matières premières employées dans ces établissements à la préparation ou à la fabrication de produits qui ne sont frappés d'aucun droit par le tarif de l'Octroi du lieu sujet, pourvu que l'emploi ait été préalablement déclaré et qu'il en ait été justifié aux Préposés de l'Octroi chargés de l'exercice des entrepôts, à défaut de quoi le droit sera perçu sur les quantités manquantes.

Si le produit industriel à la préparation ou à la fabrication duquel sont employés les combustibles ou les matières premières est imposé au Tarif de l'Octroi, l'entrepositaire n'en obtiendra pas moins l'affranchissement pour le combustible et la matière première employés à la fabrication, mais il paiera le droit dû par les produits industriels pour ceux de ces produits qu'il ne justifiera pas avoir fait sortir du lieu sujet.

Décharge sera également accordée, dans les conditions spécifiées aux paragraphes précédents, aux combustibles employés dans l'exploitation des mines à la production de la force motrice, ainsi qu'aux bois, fers et matériaux de toute sorte servant au revêtement ou au soutènement des puits et galeries, pourvu toutefois que la somme à percevoir, à raison des quantités pour lesquelles ces matériaux concourront à l'exploitation, atteigne un quart pour cent de la valeur du produit extrait (soit 25 centimes par 100 francs).

ART. 39.

Lorsque des droits d'Octroi auront été acquittés à l'entrée pour des combustibles ou des matières premières qui, dans l'intérieur du lieu sujet, seront employés à la préparation ou à la fabrication d'un produit industriel livré à la consommation intérieure et imposable, s'il est régulièrement justifié de ce paiement, le montant desdits droits sera précompté sur celui des droits dus pour le produit fabriqué.

Toutefois, il n'y aura jamais lieu à remboursement d'aucune portion des droits payés à l'entrée dans le cas où ils se trouveraient excéder ceux qui sont dus pour le produit fabriqué lui-même.

Art. 40.

Ne seront soumis à aucun droit d'Octroi les approvisionnements en vivres destinés au service de l'armée de terre, ainsi que de la Marine militaire ou marchande, et qui ne doivent pas être consommés dans le lieu sujet : les bois, fers, graisses, huiles, et généralement toutes les matières employées pour la confection ou l'entretien du matériel de l'armée de terre, dans les constructions navales et pour la fabrication d'objets servant à la navigation, les combustibles et toutes autres matières embarquées sur les bâtiments de l'Etat et du commerce pour être consommées ou employées en mer.

Ces approvisionnements et matières seront introduits dans les magasins de la Guerre, de la Marine de l'Etat et de la Marine marchande, de la manière prescrite pour les objets en entrepôt.

Le compte en sera suivi par les Employés et Préposés désignés à cet effet, et les droits d'Octroi ne seront dus que sur les quantités enlevées pour l'intérieur du lieu sujet et pour toute autre destination que celle qui est spécifiée ci-dessus.

Art. 41.

Les charbons de terre, le coke et tous autres combustibles employés tant par l'Administration de la Guerre, pour la fabrication ou l'entretien du matériel de guerre et pour la confection d'objets destinés à être consommés hors du lieu sujet, que par la Marine de l'Etat et par la Marine marchande pour la confection d'objets destinés à la navigation, seront, comme ceux qui sont employés dans les établissements industriels pour la préparation ou la fabrication d'objets destinés au commerce général, affranchis, au moyen de l'entrepôt, du payement de tous droits d'Octroi.

Art. 42.

Seront affranchis de tous droits d'Octroi au moyen de l'entrepôt dans les conditions prévues par les deux articles qui précèdent :

1º Les combustibles et matières employés dans les arsenaux et établissements industriels de la Guerre et de la Marine militaire, ainsi qu'à bord des bâtiments de la flotte ;

2º Les matériaux destinés à la construction, à la réfection, à l'entretien et à l'aménagement des ports militai-

res, fortifications, ouvrages, établissements industriels
de la Guerre et de la Marine et les appareils et l'outillage
en dépendant, ainsi que les matériaux des voies affectées
au service des ports, fortifications, ouvrages et établissements ci-dessus désignés.

Art. 43.

Les combustibles et matières destinés au service de
l'exploitation des chemins de fer, aux travaux des ate-
liers et à la construction de la voie seront affranchis de
tous droits d'Octroi.

En conséquence, les dispositions relatives à l'entrepôt
à domicile des combustibles et matières premières
employés dans les établissements industriels à la préparation et à la fabrication des objets destinés au commerce
général sont applicables aux fers, bois, charbons, coke,
graisses, huiles et, en général, à tous les matériaux
employés dans les conditions ci-dessus indiquées.

En dehors de ces conditions, tous les objets portés au
tarif qui seront consommés dans les gares, salles d'attente
et bureaux seront soumis aux taxes locales.

Les dispositions qui précèdent sont applicables à la
construction et à l'exploitation des lignes télégraphiques.

Art. 44.

L'abonnement annuel pourra être demandé, pour les
combustibles et matières admises à l'entrepôt, aux ter-
mes des articles 40, 41, 42 et 43.

Les conditions de l'abonnement seront réglées de gré
à gré entre le Maire et le redevable.

Art. 45.

Les entrepositaires seront tenus de fournir aux
Employés de l'Octroi et de mettre à leur disposition les
hommes et les ustensiles nécessaires pour faciliter la
reconnaissance et le pesage, mesurage ou jaugeage des
quantités restant en entrepôt, afin que ces Préposés
puissent établir le compte des droits dus sur les manquants reconnus et dont la sortie ou l'emploi n'aurait
pas été justifié.

Art. 46.

Si les entrepositaires refusaient de se conformer aux
obligations qui leur sont imposées par l'article précédent,
il serait procédé d'office, à leurs frais, aux vérifications
dont il s'agit, et, outre la saisie et l'amende encourues
pour le cas de fraude dûment constaté, ils seraient

passibles des peines prévues par l'article 71 du présent
Règlement pour le fait d'empêchement aux exercices.

Art. 47.

Indépendamment des obligations ci-dessus mention-
nées et des autres conditions qui leur sont imposées,
lesdits entrepositaires seront tenus de diviser leurs
magasins en cases régulières, d'un cubage facile et d'une
contenance déterminée.

Art. 48.

Les conditions pour l'entrepôt sont: de faire une
déclaration par écrit, au bureau de l'Octroi, avant l'entrée des objets entreposés, pour ceux venant de l'extérieur, et immédiatement après la récolte ou après
chaque préparation ou fabrication, pour les objets
récoltés ou produits à l'intérieur du rayon de l'Octroi ;
de permettre les visites et exercices des Préposés ; de
leur ouvrir, à toute réquisition, les caves, magasins et
autres lieux de dépôt ; et de faire, de la manière et dans
les formes voulues par le présent Règlement, les déclarations d'expédition pour le dehors.

Les industriels qui profitent de la faculté d'entrepôt
pour les combustibles et les matières premières en vertu
de l'article 38 du Règlement devront, s'ils n'ont pas
obtenu l'abonnement, faire la déclaration des quantités
de combustibles ou de matières premières qu'ils sont
dans l'intention d'employer à cet usage.

Art. 49.

Les détaillants ne sont pas admis à l'entrepôt à domicile ; toutefois les marchands en gros ou demi-gros
pourront jouir de cette faculté alors même qu'ils feraient
dans les mêmes magasins des ventes au détail.

Art. 50.

Toute expédition, pour l'extérieur, d'objets entreposés,
ne pourra avoir lieu qu'aux heures indiquées par l'article 3 du présent Règlement et devra, avant l'enlèvement
desdits objets, être déclarée au bureau de l'Octroi. Ces
objets seront représentés aux Préposés de l'Octroi,
lesquels, après vérification des quantités et espèces,
délivreront un certificat de sortie.

Art. 51.

Les Préposés de l'Octroi tiennent un compte d'entrée
et de sortie des marchandises entreposées : à cet effet,

ils peuvent faire, à domicile, dans les magasins, chantiers, caves, celliers des entrepositaires, toutes les vérifications nécessaires pour reconnaître les objets entreposés, constater les quantités restantes, et établir le décompte des droits dus sur celles pour lesquelles il n'est pas représenté de certificat de sortie. Ces droits doivent être acquittés immédiatement par les entrepositaires, et, à défaut, il est décerné contre eux des contraintes qui sont exécutoires nonobstant opposition et sans y préjudicier.

Art. 52.

Tout refus de souffrir les visites, vérifications et exercices des Préposés de l'Octroi sera constaté par procès-verbal. Les prétextes d'absence seront réputés refus formel. Les Préposés, après avoir déclaré procès-verbal, pourront requérir l'assistance d'un Officier de police, faire ouvrir en sa présence les caves, celliers ou magasins et procéder aux vérifications prescrites par les articles précédents.

Art. 53.

La durée de l'entrepôt est illimitée.

Art. 54.

Les entrepositaires qui en feront la demande pourront être dispensés de l'exercice et admis au régime des reconnaissances à la sortie.

Art. 55.

De même que pour l'entrepôt, seuls les objets figurant au tableau de l'art. 37 pourront profiter de la compensation avec les mêmes minima à la sortie.

CHAPITRE III.

Contentieux.

Art. 56.

Toutes contraventions aux dispositions du présent Règlement seront constatées par des procès-verbaux, lesquels seront dressés à la requête du Maire. Ils pourront être rédigés par un seul Préposé et feront foi en justice jusqu'à preuve contraire.

Art. 57.

Ils énonceront la date du jour où ils seront rédigés, la nature de la contravention, et, en cas de saisie, la déclaration qui en aura été faite au prévenu ; les noms, qualités et résidences de l'Employé verbalisant et de la personne chargée des poursuites ; l'espèce, le poids ou la mesure des objets saisis ; leur évaluation approximative ; la présence de la partie à leur description, ou la sommation qui lui aura été faite d'y assister ; le nom, la qualité et l'acceptation du gardien ; le lieu de la rédaction du procès-verbal et l'heure de la clôture.

Art. 58.

Dans le cas où le motif de la saisie porterait sur le faux ou l'altération des expéditions, le procès-verbal énoncera le genre de faux, les altérations ou surcharges. Lesdites expéditions, signées et parafées, resteront annexées au procès-verbal, qui contiendra la sommation faite à la partie de les parafer et sa réponse.

Art. 59.

La saisie et la confiscation s'étendront aux futailles, caisses, enveloppes, paniers et sacs renfermant les objets en fraude ou en contravention.

Art. 60.

Les objets saisis seront déposés au bureau le plus voisin. Ils pourront néanmoins, s'il y a lieu, être mis en fourrière.

Art. 61.

Si la partie saisie ne s'est pas présentée dans les dix jours, à l'effet de payer ou consigner l'amende encourue, ou si elle n'a pas formé, dans le même délai, opposition à la vente, cette vente sera faite par le Receveur, cinq jours après l'apposition, à la porte de la mairie et autres lieux accoutumés, d'une affiche signée de lui, et sans aucune autre formalité.

Art. 62.

Néanmoins, si la vente des objets saisis est retardée, l'opposition pourra être formée jusqu'au jour indiqué pour ladite vente. L'opposition sera motivée et contiendra assignation à jour fixe devant le tribunal correctionnel, avec élection de domicile dans le lieu où siège le tribunal. Le délai de l'assignation ne pourra excéder trois jours.

Art. 63.

Dans le cas ou les objets saisis seraient sujets à dépérissement, la vente pourra être autorisée, avant l'échéance des délais ci-dessus fixés, par une simple ordonnance du Juge de paix, sur requête.

Art. 64.

L'action résultant des procès-verbaux en matière d'octroi et les questions qui pourront naître de la défense du prévenu seront de la compétence exclusive du tribunal correctionnel.

Art. 65.

En cas de nullité du procès-verbal et si la contravention se trouve suffisamment établie par d'autres preuves ou par l'instruction, la confiscation des objets saisis ne sera pas moins encourue.

Art. 66.

Le Maire sera autorisé, sauf l'approbation du Préfet, à faire remise, par voie de transaction, de la totalité ou de partie des condamnations encourues, même après le jugement rendu.

Art. 67.

Toutes les fois que la saisie aura été opérée dans l'intérêt commun des droits d'Octroi et des droits imposés au profit du Trésor, le procès-verbal devra être rédigé à la requête du Directeur des Contributions indirectes. A cet employé supérieur appartiendra aussi, dans ce cas, le droit d'intenter les poursuites et de transiger d'après les règles propres à son administration.

Art. 68.

Le produit des amendes et confiscations pour contraventions au Règlement de l'Octroi, déduction faite des frais et prélèvement autorisés, sera attribué moitié aux Employés de l'Octroi, pour être répartie d'après le mode qui sera arrêté, et moitié à la commune.

Art. 69.

S'il s'élève une contestation sur l'application du Tarif ou sur la quotité du droit réclamé, le porteur ou conducteur sera tenu de consigner, avant tout, le droit exigé entre les mains du Receveur ; faute de quoi il ne pourra passer outre ni introduire l'objet qui aura donné lieu à la contestation, sauf à lui à se pourvoir devant le Juge de paix du canton. Il ne pourra être entendu qu'en représentant la quittance de ladite consignation au Juge de paix, lequel prononcera sommairement et sans frais, soit en dernier ressort lorsque la somme demandée ne s'élèvera pas au-dessus de 300 francs, soit à la charge d'appel pour les autres affaires.

Art. 70.

Les contraintes pour les recouvrements des droits d'Octroi seront décernées par le Receveur, visées par le Maire et rendues exécutoires par le Juge de paix.

Les oppositions auxdites contraintes seront instruites et jugées conformément aux dispositions prescrites par l'article précédent, et la partie opposante sera également tenue de justifier, avant d'être entendue, de la consignation entre les mains du Receveur du montant de la somme contestée.

Art. 71.

Toute personne qui s'opposera à l'exercice des fonctions des Préposés de l'Octroi sera condamnée à une amende de 50 francs, indépendamment de la confiscation des objets saisis, lorsqu'il y aura lieu, et d'une amende de 100 à 200 francs prononcée pour le cas de fraude.

En cas de voies de fait, il en sera dressé procès-verbal, qui sera envoyé au Procureur de la République pour en poursuivre les auteurs et leur faire infliger les peines portées par le Code pénal contre ceux qui s'opposent avec violence à l'exercice des fonctions publiques.

Art. 72.

Les propriétaires de tous objets compris au Tarif sont responsables du fait de leurs facteurs, agents et domestiques, en ce qui concerne les droits, confiscations, amendes et dépens, lorsque la contravention aura été commise dans les fonctions auxquelles ils auront été employés par leurs maîtres, conformément à l'article 1384 du Code civil.

Les pères, mères ou tuteurs seront garants des faits de leurs enfants ou pupilles mineurs non émancipés et demeurant chez eux.

Seront également responsables les propriétaires ou principaux locataires, relativement à la fraude qui se commettrait dans leurs maisons, clos, jardins et autres lieux par eux personnellement occupés, s'ils sont convaincus de l'avoir favorisée ou d'y avoir participé.

CHAPITRE IV.

Personnel.

ART. 73.

Quel que soit le mode de perception, toutes personnes dirigeant l'Octroi seront tenues de permettre le concours des Employés des Contributions indirectes dans tous les cas où il doit avoir lieu, de leur laisser faire les vérifications et opérations relatives à leur service et de leur donner communication de tous états, bordereaux et renseignements dont ils auront besoin.

ART. 74.

Les Préposés de l'Octroi seront tenus, sous peine de destitution, d'exiger de tout conducteur d'objets soumis aux Contributions indirectes la représentation des congés, passavants, acquits-à-caution, lettres de voiture et autres expéditions ; de vérifier les chargements ; de rapporter procès-verbal des fraudes ou contraventions qu'ils découvriront ; de concourir au service des Contributions indirectes toutes les fois qu'ils en seront requis, sans toutefois pouvoir être déplacés de leur service ordinaire ; enfin, de remettre chaque jour à l'Employé supérieur des Contributions indirectes un relevé des objets soumis aux droits du Trésor qui auront été introduits.

Les Employés des Contributions indirectes concourront également à la surveillance du service de l'Octroi et rapporteront procès-verbal pour les fraudes et contraventions relatives aux droits d'Octroi qu'ils découvriront.

ART. 75.

Les Préposés de l'Octroi se serviront, pour constater le volume et le degré des liquides, des instruments dont les Employés des Contributions indirectes font usage.

ART. 76.

Les Préposés de l'Octroi devront toujours être porteurs de leur commission et seront tenus de la représenter lorsqu'ils en seront requis.

ART. 77.

Le port d'armes est accordé aux Préposés de l'Octroi dans l'exercice de leurs fonctions. Ceux qui abuseraient de cette faculté seront destitués, sans préjudice des poursuites judiciaires auxquelles ils auront donné lieu.

Art. 78.

Les Préposés de l'Octroi ne pourront ni faire le commerce des objets tarifés, ni s'intéresser à ce commerce, soit comme associés, soit comme bailleurs de. fonds ou commanditaires.

Tout Préposé qui favorisera la fraude, soit en recevant des présents, soit de toute autre manière, sera mis en jugement et condamné aux peines portées par le Code pénal contre les fonctionnaires publics prévaricateurs.

Art. 79.

Les Préposés de l'Octroi qui seraient signalés comme remplissant mal leurs fonctions, ou comme ayant donné lieu à des plaintes graves, pourront être suspendus par le Préfet ou même révoqués par lui. Le Directeur général des Contributions indirectes pourra, pour les mêmes motifs, provoquer la révocation de ces agents.

Art. 80.

Les Préposés de l'Octroi sont placés sous la protection de l'autorité publique. Il est défendu de les injurier, maltraiter et même de les troubler dans l'exercice de leurs fonctions, sous les peines de droit. La force armée est tenue de leur prêter secours et assistance toutes les fois qu'elle en sera requise.

Dispositions Générales.

Art. 81.

Tous les registres employés à la perception et au service de l'Octroi seront fournis par la Régie des Contributions indirectes ; la dépense lui en sera remboursée par la commune ; les perceptions ou déclarations y seront inscrites sans interruptions ni lacune. Les expéditions qui en seront détachées seront marquées du timbre des Contributions indirectes, dont le prix, fixé par la loi, sera acquitté par les redevables et le montant versé dans les caisses de cette Administration, aux époques et de la manière qu'elle indiquera.

Art. 82.

Dans tous les cas non prévus au présent règlement, on s'en référera aux lois et aux règlements généraux en vigueur sur les octrois.

TARIF

Nos d'ordre des Articles	NOMENCLATURE DES OBJETS IMPOSÉS	BASE de la Percep'ion Mesures, Poids ou Nombres	TAXE	OBSERVATIONS
	Boissons et Liquides			
1	Vins en bouteilles (1).	la bouteil.	0 30	(1) Pour la perception, la bouteille commune est considérée comme litre et la demi-bouteille comme demi-litre, en ce qui concerne les vins, cidres, poirés et hydromels. (Art. 115 de la loi du 28 avril 1816).
2	Limonades gazeuses, citronnades, orangeades et toutes boissons gazeuses, édulcorées ou parfumées à l'exclusion des eaux gazeuses simples	l'hectol.	6 »	
3	Produits non alcooliques tels que orangeades et citronnades concentrées, eaux de menthe, de rose, etc. . . .	le litre	0 15	
4	Vinaigres de toute espèce, conserves au vinaigre . . .	l'hectol.	7 »	
5	Vinaigres concentrés, acide acétique pyroligneux, vinaigres de toilette	id.	49 »	
	Comestibles			
6	Viandes dépecées de toute espèce, autres que celles de chèvre, bouc, cheval, âne et mulet (2)	100 kilos	16 »	(2) Les viandes congelées, frigorifiées ou protégées seront taxées comme viande fraîche.
7	Viandes dépecées de cheval, âne et mulet	id.	10 »	
8	Charcuterie { commune . . .	id.	10 »	(3) La charcuterie fine comprend les jambons fumés, crus ou cuits, les saucissons d'Arles et de Lyon, la mortadelle.
9	{ fine (3)	id.	20 »	
10	Viandes cuites, viandes fumées, purées, pâtés, terrines et conserves de viandes non truffés	kilo	0 20	
11	Extraits et jus de viande, bouillons concentrés, soupes, sauces et accommodements à l'état liquide . .	id.	0 25	
12	Extraits et jus de viande et bouillons concentrés à l'état concret ou en tablettes. . .	id.	1 25	
13	Graisses comestibles, animales ou végétales de toute espèce, lard, viandes salées communes autres que de porc	100 kilos	12 »	

N⁰ˢ d'ordre des Articles	NOMENCLATURE DES OBJETS IMPOSÉS	BASE de la Perception Mesures, Poids ou Nombres	TAXE	OBSERVATIONS
14	Abats et issues autres que cervelles, ris de veau, langues (4)	100 kilos	7 »	(1) Les abats et issues à l'état brut ne paieront que demi-droit.
15	Abats de choix, cervelles, ris de veau, langues	id.	21 »	
16	Lapins domestiques ou de clapier, à l'exception des lapins récemment nés qui paieront demi-taxe (5). . .	la pièce	0 20	(5) La taxe sur les volailles et lapins domestiques dépouillés sera élevée d'un quart.
17	Dindes, dindons, oies grasses, cygnes, paons, oies communes, à l'exception des dindonneaux et des jeunes oies qui paieront demi-taxe (5)	id.	1 »	
18	Pintades, canards, barboteaux, coqs, poules, chapons gras, poulets, à l'exception des poussins qui paieront demi-taxe (5). . .	id.	0 50	
19	Pigeons domestiques de volière et bizets (5).	la paire	0 10	

Première Catégorie

20	Cerfs, biches, daims, sangliers	kilo	0 20	
21	Lapins de garenne	la pièce	0 20	

Deuxième Catégorie

22	Chevreuils, lièvres	kilo	0 25	

Troisième Catégorie

23	Coqs de bruyère, outardes, oies et canards sauvages, faisans (coqs et poules)	la pièce	0 50	
24	Perdrix, bécasses	id.	0 30	
25	Cailles, grives, merles, bécassines, râles de genêt, râles rouges, pilets.	id.	0 25	
26	Pigeons ramiers, poules d'eau, tourterelles, vanneaux, pluviers.	id.	0 20	
27	Alouettes, ortolans et autres petits oiseaux . . .	les 10	0 28	

(La colonne de gauche porte la mention **Gibier** pour les articles 20 à 27.)

Nos d'Ordre des Articles	NOMENCLATURE DES OBJETS IMPOSÉS	BASE de la Perception Mesures, Poids ou Nombres	TAXE	OBSERVATIONS
28	Truffes fraîches ou conservées, pâtés et terrines de foies gras truffés	kilo	2 50	
29	Volailles et gibier truffés, pâtés et terrines truffés	id.	1 50	
30	Conserves, pâtés et terrines de volaille ou gibier non truffés, avec ou sans mélange de viande, pâtés de poissons	id.	0 75	
31	Pâtés et terrines de foies gras non truffés, foies d'oie, de canard ou de volaille au naturel, crêtes et rognons de coqs	id.	1 10	
32	Huitres fraîches ou marinées (6)	le cent	2 20	(6) Les huitres dites Portugaises paieront demi-droit.

Première Catégorie

33	Homards, langoustes, crevettes dites bouquet. esturgeons, turbots, bars, barbues, soles, surmulets ou rougets, barbets, mulets	kilo	0 15	

Deuxième Catégorie

34	Raie (à l'exception des raies communes : raies Saint-Pierre, raie terre, raie souris), merlan, maquereau, congre, dorade Saint-Pierre ou poule de mer, sole-perdrix, limande, limande-sole, carrelet ou plie, lotte ou marache, rascasse, langoustine, crevette grise, coquille Saint-Jacques	kilo	0 03	

Troisième Catégorie

35	Poissons autres que ceux dénommés aux deux catégories précédentes	exempts		

(Articles 33 à 35 : Poissons de mer et Marée)

Nos d'Ordre des Articles	NOMENCLATURE DES OBJETS IMPOSÉS	BASE de la Perception Mesures, Poids ou Nombres	TAXE	OBSERVATIONS
36	Poissons & Animaux d'eau douce — Saumons, truites, ombres, sterlets	kilo	0 20	
37	Autres poissons	id.	0 10	
38	Ecrevisses, grenouilles	id.	0 25	
39	Beurre de toute espèce, frais ou fondu, salé ou non . . .	id.	0 15	
40	Fromages de toute espèce, autres que les fromages à consommer frais conservant le caractère de laitage.	id.	0 15	
41	Conserves de poissons marinés ou à l'huile.			
42	Conserves au vinaigre. . . .			
43	Conserves de fruits et de légumes, conserves diverses, jus et pulpes de fruits.	id.	0 20	
44	Fruits secs de table, raisins secs, prunes, pruneaux, figues, dattes, mangues, caroubes, amandes, noix, noisettes, arachides, pistaches.			
45	Marrons, châtaignes, olives, champignons frais ou conservés (7).			(7) Les conserves ne sont imposables qu'autant qu'elles sont enfermées en récipients hermétiquement clos ou scellés.
46	Oranges, citrons, limons, mandarines, grenades, bananes, ananas et autres fruits frais exotiques. . . .	100 kilos	8 »	Les confitures, fruits confits au sucre, fruits conservés au sirop, jus et pulpes ne sont pas imposables.
47	Moutarde (8) — préparée au vinaigre, à l'eau ou à tout autre liquide	id.	6 »	Les fruits secs destinés à la fabrication des vins et cidres de ménage ne sont pas imposables.
48	en grains ou en poudre. .	id.	11 50	
49	Œufs	douzaine	0 05	
50	Escargots	cent	0 20	(8) Le vinaigre contenu dans les moutardes préparées n'est pas imposable en sus.
51	Miel.	100 kilos	12 »	

Nos d'Ordre des Articles	NOMENCLATURE DES OBJETS IMPOSÉS	BASE de la Perception Mesures, Poids ou Nombres	TAXE	OBSERVATIONS
	Combustibles			
52	Bois à brûler (9) { dur	stère	1 60	(9) Les bois ou planches de déchirage seront imposés comme bois à brûler tendre.
53	{ tendre . . .	id.	1 30	
54	Fagots et cotrets, sarments .	cent.	4 »	
55	Margotins, allume-feu, comprimés de sciure additionnés ou non de graisse, résine, huile minérale, déchets de bois de travail, pommes de pins, mottes de tan	100 kilos	0 30	
56	Charbon de bois et ses dérivés, charbon de Paris, braises, braisettes	id.	2 »	
57	Charbon de terre, anthracite, briquettes, boulets, agglomérés.	id.	0 50	
58	Coke (10)	id.	0 60	(10) Le coke fabriqué à l'intérieur avec du charbon qui aura payé le droit sera affranchi de la taxe. Le poussier de coke paiera demi-droit.
59	Tourbe, lignite, escarbilles et tous autres combustibles minéraux autres que les précédents	id.	0 30	
60	Suifs de toute espèce, chandelle (11)	id.	7 50	(11) Pour les suifs bruts ou en branche les taxes seront inférieures d'un cinquième à celle du suif fondu.
61	Cires blanches ou jaunes, bougies et cierges de cire .	id.	20 »	
62	Bougie stéarique, acides stéarique et margarique et autres substances pouvant remplacer la cire, bougies et cierges de ces substances.	id.	18 »	
63	Huiles et essences minérales à brûler.			
64	Benzols et tous liquides pour le chauffage, l'éclairage et la force motrice, autres que l'alcool dénaturé	l'hecto.	2 50	
65	Carbure de calcium (12) . . .	100 kilos	6 »	(12) L'acétylène présenté en quelque état que ce soit est imposable à raison de 30 mètres cubes de gaz ramené à la pression atmosphérique pour 100 kilos de carbure.
	Fourrages et Denrées destinés aux Animaux			
66	Foin, sainfoin, trèfle, luzerne, et autres fourrages (13) . .	id·	0 80	(13) Les fourrages verts ne sont pas imposés.

Nᵒˢ d'Ordre des Articles	NOMENCLATURE DES OBJETS IMPOSÉS	BASE de la Perception Mesures, Poids ou Nombres	TAXE	OBSERVATIONS
67	Pailles de toute espèce, battues ou non battues (14). .	100 kilos	0 60	(14) Le grain adhérent aux pailles sera, s'il y a lieu, imposé à part.
68	Avoine en grains, moulue ou concassée	id.	1 30	
69	Sons et recoupes	id.	1 20	
70	Orge, maïs, sarrazin en grains, moulus ou concassés, fèves, féverolles, vesces, pois, lentilles, caroubes, cosses sèches, betteraves, carottes, tourteaux, drèches et pulpes et tous résidus du traitement industriel des matières amylacées et oléagineuses, destinés à la nourriture des animaux (15)	id.	0 80	(15) Les pulpes et drèches fraîches paieront demi-taxe. Les mélanges sucrés ou mélassés seront exonérés de tout droit.
71	Biscuits, pain azyme pour la nourriture des animaux. .	id.	1 30	
72	Biscuits à base de viande pour la nourriture des chiens.	id.	2 50	
73	Tourbe et mousse de tourbe, jonc, ajonc, genêts, roseaux, triangles, laîches, rouches, chaume, fougère, bruyère pour litière. . . .	id.	0 30	
	Matériaux			(16) Les pierres à chaux ou à plâtre seront imposées en raison de la chaux ou du plâtre qu'elles contiennent.
74	Plâtre (16).	id.	0 70	
75	Staf, stuc	id.	2 10	
76	Chaux et mortiers (16) (17) .	id.	0 60	(17) La chaux destinée à l'amendement des terres est exonérée.
77	Ciments (18).	id.	1 20	
78	Enduits ou préparations à base de ciment, chaux, etc., pour usages spéciaux (calorifuges, hydrofuges, contre la salpétration, imitation de pierre ou de bois, raccords, etc.)	id.	1 20	(18) Pour les objets en ciment ou en béton armé, les fers ou aciers seront imposés à part.
79	Moellons, plâtras, pavés et meulières de toute dimension, travaillés ou non . .	mèt. cube	0 90	

Nos d'Ordre des Articles	NOMENCLATURE DES OBJETS IMPOSÉS	BASE de la Perception Mesures, Poids ou Nombres	TAXE	OBSERVATIONS
80	Pierres de taille { dures . . .	mèt. cube	4 »	
81	Pierres de taille { tendres. .	id.	3 »	
82	Dalles et carreaux de pierre de toute espèce	id.	0 50	
83	Marbres et granits (19) . . .	id.	15 »	(19) Les marbres qui font partie des meubles ne sont pas imposables pas plus-que les meubles eux-mêmes.
84	Fers, aciers et métaux ferro-aciéreux, fonte, zinc, plomb destinés à la construction immobilière	100 kilos	3 »	
85	Cuivre, laiton et bronze des-tinés à la construction im-mobilière (20)	id.	6 »	(20) Les matériaux destinés à la construc-tion des machines et de leurs organes de transmission ne sont pas imposables.
86	Ardoises pour toitures. . . .	mille	6 »	
87	Ardoises factices non métal-liques	100 kilos	1 70	
88	Ardoises en fibro-ciment . .	id.	1 70	
89	Plaques, dalles, panneaux et carreaux d'ardoises	id.	0 45	
90	Briques pleines ou creuses, tuiles, carreaux et bordures de jardins en terre ordi-naire.	id.	0 20	
91	Briques et objets en terre réfractaire.			
92	Tuiles à emboîtement. . . .			
93	Boisseaux, wagons, mitres, objets de faîtage en terre ordinaire non décorée. Tuyaux	id.	0 40	
94	Tuiles, briques, carreaux, bordures de jardins, ver-nissés ou émaillés.			
95	Plaques, dalles, carreaux en céramique décorés, en grès, porcelaine, faïence ou ob-jets de faîtage avec déco-rations ou ornements, ver-nissés ou émaillés, en grès ou en porcelaine.	id.	1 »	
96	Appareils sanitaires, éviers, lavabos, baignoires, etc., en faïence	id.	2 25	

Nᵒˢ d'Ordre des Articles	NOMENCLATURE DES OBJETS IMPOSÉS	BASE de la Perception Mesures, Poids ou Nombres	TAXE	OBSERVATIONS
97	Les mêmes en grès, porcelaine ou fonte émaillée . .	100 kilos	4 50	
98	Matériaux en liège ou sciure agglomérée	id.	0 80	
99	Argile, terre glaise, marne, terre réfractaire, cran, sable, gravois, cailloux, déchets de briques ou tuiles, mâchefer, laitier, scories, escarbilles (21)	mèt. cube	0 50	(21) La marne destinée à l'amendement des terres et les matériaux destinés à la confection ou à la réparation des chemins publics sont affranchis de la taxe.
100	Bois de charpente ou de menuiserie ouvré { dur . . .	id.	6 »	
101	{ tendre. .	id.	4 50	
102	Bois en grume { dur	id.	4 50	
103	{ tendre . . .	id.	3 60	
104	Verres à vitres, verres coulés, armés, briques, tuiles, panneaux, carreaux et tous objets de verre sans ornement pour la construction.	100 kilos	3 »	
105	Glaces, vitraux, verre de Bohême, verres de couleur, verres taillés, gravés ou décorés, destinés à être fixés à perpétuelle demeure et tous objets de cristal, objets de verre gravés ou décorés destinés à la construction	id.	8 »	

Objets divers

Nᵒˢ d'Ordre des Articles	NOMENCLATURE DES OBJETS IMPOSÉS	BASE de la Perception Mesures, Poids ou Nombres	TAXE	OBSERVATIONS
106	Savons, lessives, panamines, borax, alun et tous produits solides à base de soude ou de potasse (22).	id.	4 »	(22) Le savon minéral ne pourra être imposé qu'au demi-droit.
107	Savons de toilette et de parfumerie	id.	20 »	
108	Produits de parfumerie, eaux, essences, extraits, huiles, vinaigres de toilette non alcooliques, crèmes, poudres, pâtes dentifrices, cosmétiques, pommades de toilette, teintures, lotions,			

Nos d'ordre des Articles	NOMENCLATURE DES OBJETS IMPOSÉS	BASE de la Perception Mesures, Poids ou Nombres	TAXE	OBSERVATIONS
	vaseline et glycérine parfumées.	100 kilos ou hecto	40 »	
109	Vernis de toute espèce, autres que ceux à l'alcool imposable, couleurs en poudre, en pains ou préparées sous les réserves portées à la note (23) ci-contre.			(23) Les couleurs préparées à l'eau paieront demi-droit. Les blancs de craie et de baryte, les ocres en nature ne paieront que le demi-droit.
110	Encaustique, cirages pour le bois ou le cuir.			
111	Huile et oléine pour peinture, huiles cuites, huiles de résine ou de térébenthine, essence de térébenthine naturelle ou synthétique et autres liquides pouvant être employés comme essence pour les usages domestiques ou les peintures et vernis, siccatifs liquides ou en poudre	id.	10 »	
112	Gomme, laque, copal et autres gommes ou résines servant à la fabrication des vernis.			
113	Ocres, blancs d'Espagne, de Paris, de Troyes ou de Meudon, tripoli, terre blanche, terre pourrie, poudres, produits solides ou liquides, acides, solutions alcalines, enduits colorés ou non préparés pour le nettoyage, le décapage, le polissage et la conservation des métaux, marbres, meubles, boiseries et glaces.	id.	5 »	
114	Préparations à base de goudron pour imprégner et conserver le bois, mastics, produits calorifuges, ignifuges et contre la salpétration.			
115	Résines communes			(24) Les extraits de Javel seront imposés à raison de la quantité d'eau de Javel qu'ils peuvent fournir.
116	Eaux de Javel (24).			

Nos d'Ordre des Articles	NOMENCLATURE DES OBJETS IMPOSÉS	BASE de la Perception Mesures, Poids ou Nombres	TAXE	OBSERVATIONS
117	Colle de menuiscrie, colle de peau, de poisson, colles préparées pour la peinture à la détrempe	100 kilos ou hecto	5 »	
118	Gommes liquides.			
119	Goudrons solides ou liquides, résidus de gaz	100 kilos	5 »	
120	Carton, papier et feutre bitumés ou goudronnés			
121	Brai, bitume, asphalte. . . .	id.	2 »	
122	Papiers, cartons et produits pour revêtements			
123	Linoléums et produits similaires pour tapis, destinés à être posés à demeure . .	id.	10 »	
124	Confettis de toute nature, serpentins et similaires . .	id.	15 »	

Certifié conforme au texte approuvé par le décret du 27 Décembre 1920.

Noyon, le 31 Décembre 1920.

Le Maire,

E. NOËL.

www.ingramcontent.com/pod-product-compliance
Lightning Source LLC
LaVergne TN
LVHW020103070726
842525LV00018B/1712